AF450777

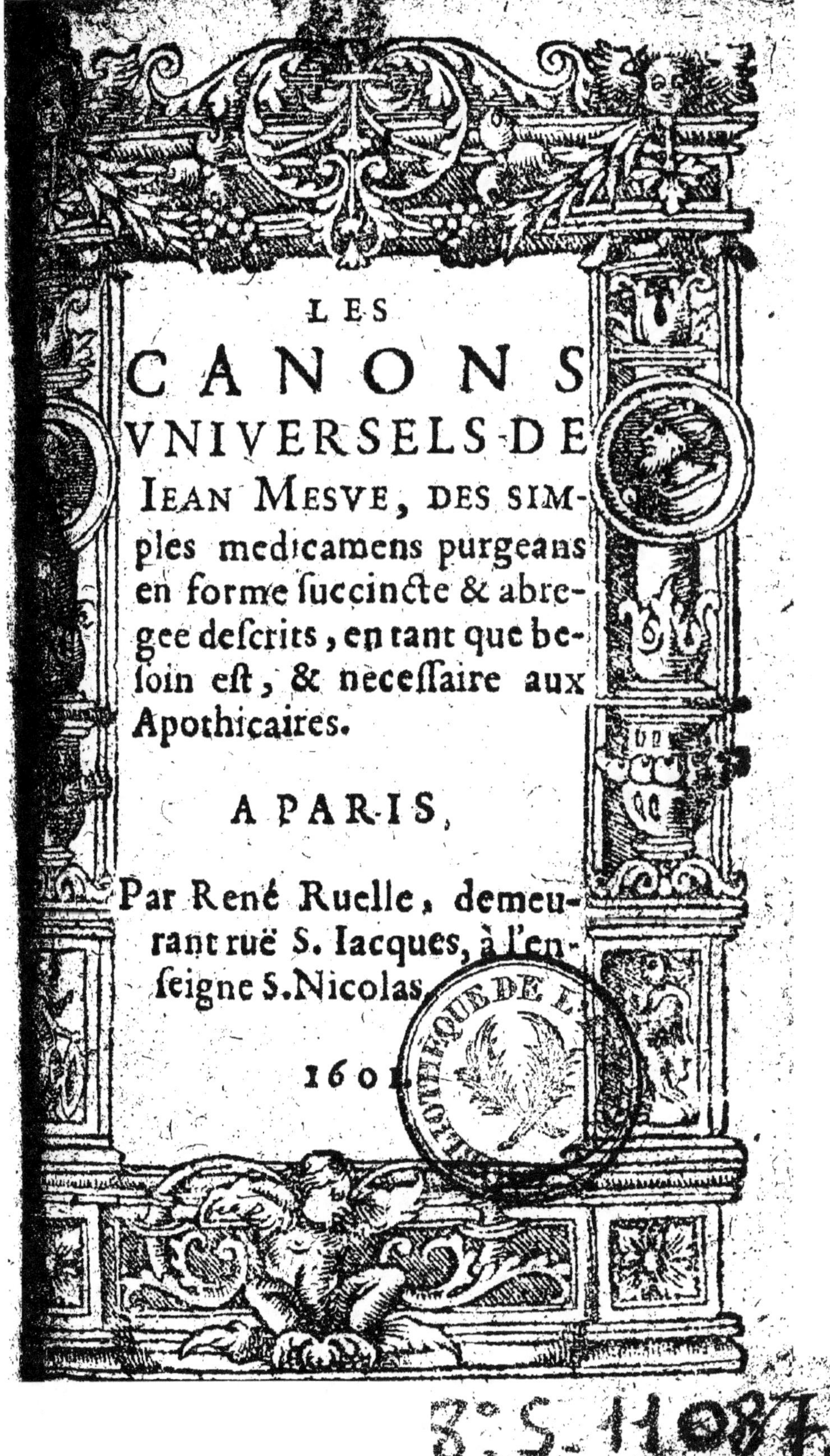

LES CANONS VNIVERSELS DE

IEAN MESVE, DES SIMples medicamens purgeans en forme succincte & abregee defcrits, en tant que befoin eft, & neceffaire aux Apothicaires.

A PARIS,

Par René Ruelle, demeurant ruë S. Iacques, à l'enfeigne S.Nicolas.

1601.

EPISTRE AV LECTEVR.

ONSIDERANT d'vne part noſtre vie eſtre briefue, & ſubiecte à diuerſes fortunes & occupations, & d'autre part la ſcience eſt longue & difficile, me ſuis bien voulu amuſer en enſuyuant les Doctes, tant Latins que François, pour uiter oiſiueté mere de vice, & en ce repos me recreer, & la ſcience touſiours rendre plus briefue & plus facile à apprendre (Lecteur beneuole) à traduire de Latin en François le premier liure des Comments de noſtre maiſtre Tagault Docteur en Medecine, entre les Medecins tresdocte, compoſé ſur les Canons de Meſué. Toutesfois aucunesfois auons dilaté & amplifié le François, non pas qu'il

A ij

deffaillist quelque chose au Latin, mais
afin que nostre François fut plus intelli-
gible, & aussi auons adiousté quelques
annotations & scholies en teste, en ter-
mes Latins, qui se pourront appliquer au
texte Latin, lequel pourras conioindre &
conferer auec nostre Traduction Françoi-
se, & d'icelle estre iuge. Ie ne m'excuse en
ce lieu des fautes, & nouuelle maniere
d'escrire, mais à la fin. N'oublie toutesfois (Lecteur paisible) en lisant nous ex-
cuser, & prendre en gré nostre petit la-
beur en ta faueur entrepris, & vtile à
ceux qui ne seroyent comme toy Latins.
A Dieu.

CANONS VNIVERSELS

DE IEAN MESVE, DES SIMPLES

MEDICAMENTS PVRGEANS,

descrits en forme succincte & abre-
gee, en tant que besoin en est, necef-
faire aux Apoticaires.

ES Canons ou
loix vniuerfel-
les de IEAN
MESVE, quatre
chofes font en-
feignees tou-
chant les fimples medicaments
purgatifs.

Simplex id
est, quale à
Natura no-
bis produ-i-
tur. Medi-
camentum :
quod fub-
ftãtiam al-

1 Latrie, ou feparation du
bon auec le mauuais, qu'on
appelle eflection, choifie ou
choix.

terare po-
test.

Symptoma
generatim

2 Correction ou ameliora-

quid corpo-
ri præter
naturā ac-
cidit defici-
tur.

Speciatim
verò, quod
morbū con-
sequit. vi-
lat vmbra
corpus, ne-
que tamen
actioni in-
commodat.
Propulsio,
id est, abla-
tio, siue cu-
ratio, siue
restitutio
partis ad
statum sa-
nitatis de ma-
leficio intel-
ligitur.
Essentia, id
est princi-
piū formale
aut ipsa na-

tion & preparation du medicament purgeant nocif ou nuisi-
ble deuant que se prenne.

3 Emendation des sympto-
mes, ou accidents interue-
nants au corps humain, du-
rant le temps que le medicament purge, pour lesquels &
le malade, & les assistans, &
le Medecin peuuent estre
estonnez.

4 Correction ou propulsion,
c'est à dire, curation des nocumens, maladies, & acci-
dents, qui ont de coustume
succeder, ou aduenir apres
la vacuation ou operation
du medicament purgeant.

Les deux derniers canons ou
chapitres appartiennent au
Medecin, & non à l'Apoticai-
re, pource auons esté d'auis
toucher & traiter les deux premiers seulement.

De l'eslection du medicament
simple purgeant.

L'Election, & secretion, ou
chois du simple medicamēt

& principalement purgatif, se prend de deux choses.

De la propre essence ou nature du medicament.

De la faculté & vertu d'iceluy.

La propre essence ou nature du medicament purgeant est ou bonne & salubre, ou saine malefique & insalubre, ou mal saine.

Les medicaments ayans bōne & saine nature sont dits vulgairement benits & incolumes ou sains. Et nous les appellons medicaments, faisans leur operation, ou laschans le ventre benignement & paisiblement, sans violēce, comme sont Casse, Manne, Reubarbe.

Mais les medicamens de mauuaise nature sont appellez malins, & non sains, faisans leur operation, ou laschans le ventre auec violence.

Et tels medicamens mauuais purgeans, simples (car de ceux seulement cōtendons parler)

turarei. Facultas causa quedam effectrix. Benedicta medicinæ dicū tur familia res, & quæ si non purgent, vertūtur in alimentū, aut in eum humorem quē nata erant purgare: malefica verò quæ non purgent. malum cen. ad. & velu ti venenum fiunt. Genus est quod predicatur de pluribus differentibus specie

A iiij

in quid.
Species que
de pluribus
differenti-
bus numero
Indiuiduū
quodda vno
tantum ve-
luti propriū
nomen.
Maleficato
genere dicū
tur quando
de genere eū
signo vni-
uersali ve-
rificatu ma
leficium, vt
omne meze
reū est ma-
leficium. Nō
malefica re
rò quando
non verifi-
catur.

sont de deux manieres, genre,
ou espece (sçauoir est malefiques ou mauuais par tout leur
gére, espece, ou nature. Et seulement par accident, ou sélon
aucun particulier ou espece, &
indiuidu de leur genre.

Et sont dicts malefiques, ou
mauuais, selon tout leur genre.
Quãd tout leur gére est malin,
& non sain; quels sont Mezeréo
lequel proprement se doit dire
Cneorū, & vulgairemér s'appelle grain de l'Aureole. Gela
bee, c'est à dire grains de la thy
re, qu'ils appellent espurge.
Euphorbiū, gomme de faculté
bruslante. Sàgapenum, ce
que corruptement & barbare-
ment appellent Serapinum.

Medicamés nó certes malins
par tout leur gére, mais seule-
mét seló aucũ indiuidu ou sin-
gulier, lequel degenere & s'a-
bastardit de la propre nature
de son genre sont: comme Agaric noir, Turbith noir, Scamo-
nee Indique, ou Lybique.

Coloquinte prinse seule (selon Mesué)
en sa plante, ou en vne region vnique, ou
soule de plante.

Mais si telles choses sont veritablemét
dictes de la Coloquinte, iamais (comme
dit Manar) ne sera seul l'vsage, c'est à dire,
ne sera bon vser) d'icelle.

*Deux Canons, ou reigles vniuerselles de l'eslectió
des Medicaments, simples la chans le ventre, le iugement pris de la propre
substance d'iceux.*

Des deux genres ou especes
des Medicamens malins, ab-
stion toy, Si n'est aucunefois en
grandes maladies que sois cô-
trainct vser d'iceux malins par
tout leur genre, & toutesfois
premierement par tous moyés
corrigez, comme en Elephan-
tie, vulgairement dicte Ladre-
rie, nous vsons de viperes, &
aucunefois d'autres serpens.

Toutefois d'aucuns d'iceux
Medicamens malefiques, malings, non corrigez, côme des
semence & fueilles de Lathire
c'est à dire, la plu- petite espurge vse quelquefois le vulgaire,

*Morbi ma-
gnitudo tri-
plex. Alia
ex lese par-
tis aut ar-
ctionis prae-
stätia : alia
ex propria
affectus es-
sentia.
Tertia ex
facultate
quae lesum
corpus gu-
bernat, vi-
res natura-
les anima-*

la & vita-
les. *Partes
principes:
Cor, hepar,
cerebrum,
testiculi ad-
di possunt,
Stomachus,
& renes,
propter of-
ficium com-
mune.
In exhibi-
tione medi-
camentorum
tria conside-
rantur: Qua-
litas, quanti-
tas, tempus.
additur &
modus à
Galeno lib.
1. ad Glau.
Substantia
ipsiu corpus
Medicamenti
Qualitates
primæ quæ*

auec certes grande nuysance,
perte de vertus és parties prin-
cesses ou principales. Du mo-
dicament, selon son essence bon & sain, abstien toy pareillement, sinon que tresbien
& comme appartient preparé,
soit baillé au corps humain en
iuste quantité, qualité, temps,
ou saison.

Mais ces choses obseruees,
pourras seurement & hardimēt
vser d'iceluy par l'ordonnance
d'vn docte & experimenté Medecin.

Iusqu'à present ou à ce lieu,
auons parlé de l'election du
medicament simple purgatif,
le iugement prins de la propre
essence ou nature d'iceluy.

De l'election prinse sur la faculté & vertu du Medicament

LE Medicament purgeāt en vn mesme genre, tant sain, que selon tout genre mauuais, le iugement pris de la fa-
culté & vertu d'iceluy, le bō est

separé d'auec le mauuais vniuersellement, en quatre manieres.

1 Par la substance.

2 Par les qualitez premieres,
ou temperament, appellé
complexion.

3 Par la qualité suyuante, le
temperament, ou secondes
qualitez que l'ō appelle sui-
uantes la complexion.

4 Par la disposition acquise,
ou mutations accidentaires,
appellées qualitez exterieures, ou suruenantes à la chose.

La substance du Medicament
purgeant, est

Graue, c'est à dire poisante.

Legere.

Dense ou espoisse, sans cauité.

Rare, trouee, auec cauité,

Crasse, ou grosse, qui ne se
peut subtilement diuiser, ou
entrer en la chose.

Tenue ou subtile, qui se peut
subtilement diuiser, & insinuer
ou passer en quelque chose.

Lente, ou tenante, & gluan-te, gardant sa continuité.

Tendre, fragile, friable, non gardât sa côtinuité, s'effroissât.

Les qualitez premieres, ou temperament des medecines, lequel prouient des premieres qualitez elementaires est:

Chaud,

Froid,

Sec,

Humide.

Les qualitez secondes, qui suyuent les premieres, & le téperament des medicamens, autrement appellees suyuantes la complexion, sont:

Touchement.

Saueur, ou goust.

Odeur, ou senteur.

Couleur.

Disposition acquise, ou mutation accidentaire és medicaments pour raison

Du temps,

Du lieu.

Quid lentum.

Tenerum quid.

Calidum est quod côgregat quæ sunt eiusdë generis, Frigidü, quod cogit & côgregàt tam quæ sût eius- dë gen. quà- que diuersi.

Siccum quod pro- prio termi- no facile terminan- tur agrè a- lieno. Hu- midü contra Arist. li. 2 de Genere. Odor paßio sicci ab hu- mido aqueo v.l aëreo, alteratiua olfactus de potëtia ad actum.

Disposition acquise pour raison du temps, Que se cueil-le, Que se garde le medicamēt.

Calor ver-spicuitatis in corpore d finito.

Mutation accidentaire pour cause & raison du lieu au me-dicament acquise, par

Tempora anni qua-tuor. Per tempus etiā intelligere oportet con-stitutionem aëris.

La terre natale, c'est à dire, en laquelle les plantes naissent & viuent naturellement.

Le lieu voisin & proche, ou loingtain & reculé d'vne autre plante.

La distance du ciel ou soleil.

Vicinitas solis ad rem dicitur, quā do sol rectus in rem suos radios dif-fundit, & veluti su-pra rem est.

De l'election des Medica-ments, le iugement prins de la substance d'iceux : loix ou rei-gles vniuerselles.

LEs Medicamens de vertu plus forte, faisans leur ope-ration purgatiue en attirant: & ceux qui ont en soy humeur excrementeux, c'est à dire, su-perflu, lequel par temps se con-somme ou diminue, les plus legers, certes estime les meil-leurs, & les eslis.

Medica-menta po-tentioris virtutis di-ci possunt quæ, vehe-

mentium purgant, & in se habent veluti quâdam venenositatem.

Purgeant en attirant.
La Scammonee.
L'aloé, vulgairement dict Perroquet.
Coloquinthe, ou Colocynthe.
Euphorbe.
Baurach, appellé des Grecs Aphronitrum, & des Latins Spuma nitri.

Simphorianus Camprius, & Oppanianus malè putãt esse esulam polipodium à multitudine radicũ quibus veluti pedibus rei inhæret, & filicula à figura filicis appellatur.

Ont au cómencemeut humeur superflu. Agaric,
Turbith vulgaire, qui est la racine du Tuhymal feminin, & selon Serapion, le Tripolium de Dioscoride.
Polipode, que nos Latins appellent Filiculam, & les François petite Feugere.
Squille.

Sont exceptez peu de ceste reigle, lesquels plus poisans sõt meilleurs, & plustost à eslire. C'est à sçauoir, ceux,

Ausquels de leurs principes & propre nature leur substance a deuë estre dense & solide, & non rare ou clere.

D'auantage, lesquels (comme disent) se mesurent, ou choisissent au plein & vuide:

C'est à dire, qui doiuent estre pleins de medulle ou mouëlle, & non d'air, & pour-tant quand sont agitez ou secoüez sou-uent.

Ont de leur nature & commencement leur substance dense & solide.

Hermodactes, qui est racine de Ephemeron, Iris, vulgairement dict flamme. *Hermoda-ctilus, quasi mercurij di-gitus dictus, radix est Ephemeri.*

Cyanus, c'est à dire, pierre d'azur, ou de couleur celeste, comme Turquoise.

Se mesurent au plein & vui-de. Casse fistulaire. *Cassia fi-stularis à si-militudine, quam habet cum fustel-la, sic dici-tur.*

Balan myrepsique, c'est à di-re, glan vnguentaire, appellé és boutiques Bē. Chicus, ou Car-thamus, vulgairement dict se-mence de Saffran Sarrazin. *Balanus myrepsica à Latinis glans vn-guentaria vertitur, & appellatur à similitudi-*

Cherua maior, c'est à dire, la se-mence de la grande espurge, vulgairemēt dicte Palma Chri-sti, & en Grec, Cici & Croton, & en Latin Ricinus. Nil, grain de Guede, herbe des Grecs, ap-pellee Isatis, & vulgairement à nous assez cogneuë, & de la

ſcil. et quaſi
in vnguen-
tis oleum ab
ea expreſſū
miſceri ſo-
leat. Cher-
ua maior
Palma
Chriſti à fi-
gura folio-
rum manū
repraſentāte
& Ricinus
à forma a-
nimalis.
De abſyn-
thio noſtro
vulgari, &
de Romano
potius eſt
intelligendū
quàm de
aliu.

... qu'elle les ... teindent ... L'interpretation de Me... penſe que ſoit Carthamum In-dicum. Aux Allemans eſt no-ſtre Pompholix, ou Tutie.

Des medicaments qui pur-gent le corps, en comprimant les plus poiſans comme les meilleurs, ſoyent de toi eſleus. Comme ſont:

Tous Mirabolans.

Rheubarbe, que les Afri-cains appellent Raned Sceni.

Abſinthe ou abſynce, & le ſuc ou jus d'icelle.

Car elle eſt medecine pur-gatiue à Dioſcoride, Galien, & Pline.

Et autres ſemblables qui pur-gent par vne faculté ſtyptique, & conſtringente: c'eſt à dire, reſtraignante, eſtant en la ſub-ſtance terreſtre, poiſante, & pouſſant en bas les choſes tou-chees.

Les Medicaments qui laſ-chent le ventre en lubriquant

&

tenant, les plus poisans sont
estimez meilleurs: Duquel ge-
re & nature sont:

La Casse fistulaire.

Prunes doulces principa-
lement cuictes en eau &
miel ou sucre.

Sebestes, appellees de Paul
Eginete, & des Grecs Mixe, &
d'Auguste Sebasti, & semblables medicaments.

Psyllium, pourtant qu'il est
veneneux, ne se doibt prendre
par la bouche.

Mais ceux aussi medicamets
qui laschent & purgét en emolissant (côme la laictue, maul-
ue, errosses, ou bonnes dames)
les plus poisans sont les meilleurs. Car ils ont plus de substance aqueuse, pour raison de
laquelle ils ont faculté purga-
trice ou purgeante, ainsi que
les precedents.

Les medicaments qui pur-
gent en attirant, les plus rares
sont les meilleurs, & a preferer
aux plus denses ou espois.

cas lubri-
cas faciend,
& velut
facultatem
retentricem
septendo.

Hoc de
Psylia per
se sumpto
est intelli-
gendum, &
contra Me-
suen.

B

Mais ceux qui purgent en comprimant, lepiant, ou amolissant, & ceux qui se mesurent au plein & vuide, les plus espes & plus denses sont les meilleurs, & de plus grande efficace, pour purger: pource plustost à eslire.

Medicamē- Le medicament tenuë, de-
ta tenuia lié ou subtil, & friable ou fra-
siue subtilia gile, qu'on appelle tendre, cor-
ac fragilia respond en iugement au medi-
sunt præfe- cament leger & rare.
renda cras- Et le crasse ou gros, lent ou
sis & lentis tenant & gluant, au poisant &
in eodē ge- dense ou espes.
nere.

    Soit donc des choses dictes de l'election prinse de la substance ceste collection, somme ou table cy dessous figuree.

Quels medicaments purgeans sont
meilleurs.

    Les plus legers, plus subtils, plus tendres, plus rares.
    Les plus poisans, plus crasses, ou gros, plus lents ou gluans, plus deses ou espes.

En attirant, ayant humeur superfluz, qui par temps se consomme.

En comprimant, qui se iugët au plain & vuide, en leniant, lubriquant, & emolissant.

De l'election des medicamés purgatifs, le iugement prins du temperament, ou comme il'on dit, de la complexion d'iceux.

L'Election des medicaments par le temperamët, se prëd de deux choses: sçauoir est,

De l'espece du temperament:

Et de l'intention, c'est à dire, accroissement en degré de qualité.

Si le choix ou election du medicament purgeant se prend de l'espece du temperament.

Les chauds sont plus seurs, & plustost à eslire que les froids

Et les humides que les secs.

Pource qu'ils sont plus amiables & familiers à nature.

Les chauds & humides en-

Temperamenta sunt nouem: quatuor simplicia, scilicet quatuor cöposita, & vnum temperatum.

Simplicia sunt Calidum, Frigidum, humidum, siccum.

Composita: Calidü humidum, calidum siccü, Frigidü humidü, Frigidum siccü Temperatü ex his omnibus consurgit, & est duplex: ad iustitiam

scilicet, & ad pondus, lege Gale. de Tempe-ramentis.

semble sont tresseurs, & sur tous autres meilleurs.

Car ils sont plus proches & familiers au temperament humain, dict selon raison de iustice temperament.

Les froids & secs sont les pires par sur tous.

Principia vite, Calidum humidum. gradus qualitatum au Etio vel remissio quadruplex: Primus, Secundus, Tertius, Quartus. Primi gradus esse dicuntur medicamenta quæ opus suum, siue

Pource que totalement contrarient aux principes de vie.

S'il se fait election du medicament par l'intention ou remission des degrez de qualité, les medicaments.

Du quart degré sont tresdangereux, & singulierement à euiter.

Du tiers degré non tant perilleux.

Du premier & second, non moins que des deux premiers.

Les temperamens tresseurs, & par sus tous autres à eslire.

IVGEMENT.

Mais certes comme ainsi soit que l'Apothicaire soit seulement ministre du Medecin,

& qu'il doiue aussi bien prendre en osage les chauds que les
froids, & les secs que les humides medicaments, sans distin-
ction de degrez.

(Car seulement par l'ordonnance du Medecin) il n'est besoing que trop se trauaille en la
cognoissance & election des
medicaments, le iugement pris
du temperament d'iceux.

De l'election des Médica-
ments, par les secondes qualitez suyuantes le temperament,
qu'ils appellent complexion.

LEs qualitez secondes des
medicaments, & de toutes
choses composees, suyuantes
les contemperaments ou nature d'iceux, sont comme dict est.

Qualité tactile, ou touchement, De laquelle le toucher
est iugé, qui experimente les
choses rudes & soueues, ou
doulces à la main, & pareillement les dures, & molles, ensemble les tendres & gluantes,
les lubriques ou glissantes, &

*actionē nō-
dum mani-
festant eai-
denter. Se-
cundi, quæ
iam mani-
festē. Tertiš,
quæ vehe-
menter, nōn
tamen sum-
mē. Quar-
tique sum-
mē indicāt.
Gal. vlt.
cap. lib. ʒ.
Simpl. Me-
dic.*

*Qualitates
tactiles quæ
tactu iudi-
cantur.*

Odor fit per euaporationem rei humidæ primò à sicco, secundo à calido in humidum agentibus.

Odor fit arides ou seiches.

Duquel iuge l'olfact ou odorement, qui discerne ce qui sent bon ou mal, & les qualitez qui se trouuent és euaporatiós.

Saueur, de laquelle iuge le goust, qui principalement reside où gist la langue.

Couleur, qui est selon Platon, comme vne flammule ou splendeur procedāte d'vn chacun corps, pour laquelle distinguer est ordonnee la veuë.

Des qualitez ractiles, ou qui se cognoissent par le toucher.

Les qualitez tactiles qui se doiuent cósiderer & obseruer és medicaments purgeans sont:

Durum est quod per summa in sese non refugit.

Molle verò quod in sese non obluctando re-

Duritie, dureté, ou duresse, Qui est en l'effect de sicaité, comme en pierre d'azur.

Mollitie, ou mollesse, Qui est l'effect d'humidité, comme és Thamarins.

Equalité ou estre souef à la main, Qui prouient d'humidité: comme en la Coloquinte.

Inequalité, Asperité, ou as- *fugit. Mes* preté, Qui succede ou aduient *quale, quod* à siccité ou seicheresse, comme *nullas ha-* en Rheubarbe. *bet eminen-*
tias in par-
Lubricité, ou estre glissant, *tes aliquas* comme en Psylle, que vulgai- *tes aliquas* rement l'on appelle Herbe de *aliis supe-* pulces. *riores.*

Aridité, ou siccité grande, R sans humeur. *Aridum*
quod peni-
Comme és Pierres. *tus humore*
Mollitie és medicaments se *tus humore* trouue double, c'est à dire, de *caret.* deux manieres.

Naturelle, laquelle naturel- *Natura le-* lement est és medicamens, cō- *quale à na-* me celle qui se trouue en la *tura produ-* casse, & thamarins. *xi un.*

Artificielle, Qu'elle se trou- *Artificia-* ue és potions, breuuages, & *les quod no-* opiates. *stra opera*

Dureté semblablement est *double, ou de deux especes. *stria medo*

Naturelle, Qu'elle est en la *Rheubarbe, pierre d'azur, Tue- acquiritur.* bith, & semblables.

Artificielle, Qu'elle se mon- stre és Pilules, Electuaires De

Difficile re-
cipere ter-
minnm alie-
num, est hō
facilè diui-
di aut supe-
ri ab alio.

Difficile peine, ou difficilement reçoi-
uent terme, aliene ou estrange.

Pour ceste raison les pilules
& tous autres medicamés durs
purgatifs, se baillent au soir, ou
apres le resueil, & les liquides
au matin.

Des saueurs, & de l'election de medicamés par les saueurs.

Quid sapor
Theophra-
sto.

SAuéur, selon Theophraste,
est vne mixtion d'vne partie
seiche & terrestre en humeur,
ou colatiō & coulement d'vne
partie seiche dehors par dedās
humeur, par la vertu de la chaleur.

Sapor est
passio hu-
midi à sicco
genita alte-
ratiua gu-
stus de po-
tentia ad
actum.
Aristot.
lib.4.mete.
Materia
saporis hu-
miditas.

Saueur se fait selō Aristote,
par mixtiō d'humidité auec siccité: Ou quand la chose humide souffre de la chose seiche &
terrestre. Et pour ceste cause, la
matiere de toute saueur & humeur: car sans humeur, dit Ari-
stoté, rien ne peut auoir saueur.
Mais la chaleur, tant interieure
qu'exterieure, altere, & fait a

ction pour donner saueur. Les saueurs de plus pres & (comme parlent & disent) plus immediatement suiuent les contemperations des mixtes, c'est à dire, des choses composees par la mixtion des elements, que les autres qualitez secondes, comme odeur & couleur.

Et pource, plus certainemét de la saueur, le iugement de la faculté Attractrice ou attirante du medicament, se prend que des autres qualitez secondes. Et d'auantage, le goust est aucune espece de touchement. Et le toucher est iuge certain des premieres qualitez, chaleur froideur, humidité, ou seicheresse.

En apres certes, en la doctrine des saueurs, trois choses sont principalement à contempler, & observer: Sçauoir est:

La maniere & forme de l'impression, Qui doibt estre cogneuë à l'Apothicaire, & au Medecin.

Causæ efficientes prima siccitas. Secunda calor. Quia homo cetera animalia sensu tactu superat propter temperatā magis corporis temperiem, verùm ceteris sensibus ab illis superatur. Impressio alteratio siue vestigium relictum.

La maniere de la mixtion
L'operation & effect d'vne
chacune saueur.

La cognoissance de ces deux
n'appartient qu'au Medecin.

De la diuerse impression fai-
cte en la langue, se prennent
les differences des saueurs, qui
sont en nombre huict, en Galien au premier & tiers liure
 des simples medicaments.

1 Austere, en Grec Austiros,
qui est aussi dicte Scyptique, &
de Galien Styphon, c'est à dire
astringente.

2 Acerbe, aux autres Pontique, & en
Grec Stryphnos, qui se fait & prouient par
augmentation d'austerité.

3 Salee, en Grec Halcyos, & Almhyros.

4 Amere, aux Grecs Picros.

5 Aigre, vulgairement dicte Agure, & en
Grec Drimis.

6 Acide, Oxis en Grec, & aceteuse ou aigre en François.

7 Doulce, aux Grecs Glycys, & melitodeis.

8 Vnctueuse, pingue, ou grasse, & en Grec Lipatos.

Ceste saueur est adioustee de Theophraste.

En outre ces huict differences des saueurs se trouue aussi vne saueur insipide, qui ne demonstre aucune des dessusdictes qualitez: mais est, quant à ce qui attouche & appartient aux sens, en qualité moyenne. Galien au quatriesme liure des simples medicaments l'appelle Apoion, comme s'il vouloit dire, sans qualité de saueur. Les Latins Fatuum. Les autres Aqueum, pource que telle saueur & goust se trouue en l'eau.

Et les François l'appellent Fade.

Mesue met en cet ordre les saueurs, & son expositeur les refere & nomme par ces noms:

1 Aguë, 2 Amere. 3 Salee. 4 Vnctueuse, 5 Doulce. 6 Insipide. 7 Stiptique, 8 Aceteuse.

La probation, ou preuue de toutes ces saueurs se doibt faire en la parfaicte constitution ou temperament du corps humain.

Saueur aigre ou aiguë, qui est la plus chaude de toutes les saueurs, quand touche & appartient à la forme & maniere

Cognitio de son impression & action.

Mord, picque, & ronge, & ce auec grande chaleur.

Car les choses de saueur a-guë, eschauffees par la chaleur de la bouche, reschauffent mu-tuellement ladicte bouche, & langue.

saporum ab effectis, quod vocant Logici à posteriori.

Hæc de saporibus apud Gal. lib. 1. & 3. de simplic. medic.

Sont de saueur ague & acre ou aigre: Ail, Oignon, Poyure, Pyrethre, Nasturce, appellé Cresson alenois, Gingembre, Struthie appellé és boutiques Condisi, & du vulgaire Herbe à Foulon, Chaux viue, Henple, vulgairement dicte Heaule, Tithymal.

Pyrethrum vulgo pes Alexãdri dicitur.

Les medicaments de saueur amere, principalement qui sont tels par assation des parties subtiles, terrestres, & proches aux medicaments de saueur ague.

Detergent, ou nettoyent plus que les salees, voire tant qu'asprissent, & rendent la langue fascheusement rude, & inequale, ou inegale.

Sont de saueur amere:

Myrrhe, lupins, fiel ou humeur cholerie,

Vin fort viel, Nitre, & innumerable ou grande multitude de semences.

Mais certes saueur amere, qui se fait par aduſtion des parties ſubtiles terreſtres eſt de deux eſpeces ou manieres : c'eſt à ſçauoir :

Exactement ou parfaictement amere, c'eſt à dire, qui ne participe *Fauilla ci-* d'autre qualité manifeſte au *nis eſt ſub-* ſens : mais eſt en ſa nature ab- *tiliſſimus in* ſolue. De laquelle eſpece ſont: *ſublime* Cendre, Pouldre, Fauille, ou *euolans.* Suye, Chaux, Fiel, Nitre, & A-phronitre, autrement dict Eſ-cume de nitre.

Moins amere, ou non parfaictement amere, c'eſt à dire, meſlee auec autres qualitez, & qui eſt moins chaude, & non totalement inepte à manger, comme eſt Abſynthe.

Saueur ſalee, qui eſt proche & aucunement ſemblable à ſaueur amere.

Moderement abſterge, & laue, & comme dit Platon, plus doucement, & ſoüefuement, & moderement que l'amere.

Elle eſt auſſi priuee de ceſte aſpreſſe

Saltitiorum d'amertume. Et si nous appa-
condimen- roit asfez plaisante au goust,
tum. si a quelque peu d'astriction
toutesfois ne fait pas retirer la
langue, & fermer les pores, comme l'a-
stringente saueur.

Representant saueur salee.

Lixif, que les Grecs nomment Gonian,
& eau de mer.

Saueur onctueuse, grasse, & olecuse, ou
huileuse.

Enioingt & remplist, & restitue en son
premier estat, sans volupté ou plaisir ma-
nifeste, les petites parties de la langue es-
asperees, & quasi comme rongees & man-
gees.

Sont de saueur parfaictement grasse &
huileuse.

Et le fruict de l'oliue, & le suc ou jus d'ice-
celle. Et d'auantage tous autres fruicts &
femences, desquels se fait l'huile, comme Ricine, Refort, Sefames, Noix & A-
mendes.

Car telles manieres de fruicts par longueur & vieillesse de temps, deuiennent
totalement gras & huyleux.

Pour-

Pource qu'en ces fruicts & semences,
l'humidité aqueuse & superflue se digere
& resoult: Et la propre humidité s'elabore
& parfaict, & espessit totalement par la
chaleur naturelle, propre de la *Calor na-*
chose. *turalis au-*
ctor est co-
Saueur doulce, selon Platon *ctionis.*
& Gallien.
Dulcibus
La chaleur emperee, auec *nutrimur.*
humidité ou humide qualité à *Fibræ sunt*
nous familiere. *veluti fila-*
Et pource adoucist & dilate *menta qui-*
les fibres ou extremitez & pe- *bus partes*
tits meats & filaments ou filets *ad inuicem*
de nostre langue, & à moderee *connectun-*
& mitige doulcement icelle *tur, & qui-*
trop exasperee & rude. Et est *bus attra-*
ioyeuse & suaue & delectable à *hunt, reti-*
tous. Et si laue, deterge, nettoye *nent & ex-*
ce que inhere ou tient sus ladi- *pellunt.*
cte langue.

Dont se fait, qu'en toutes confections
se met miel ou sucre. Et presques en toutes medecines solutiues ou purgatiues.
Pource qu'elles sont ingrates, & mal-plai-
santes au goust & à la langue. Sephraste,
ou selon Theophraste, sont especes de

Species saporis dulcis. Saueur doulce, meslee, c'est à dire, saueur de miel, Lacteuse, de la &t, Vineuse, de vin, Aqueuse, d'eau.

Saueur insipide est comme priuation de toutes saueurs. Et se trouue principalement és choses imparfaictement cuites ou meures. Et faict impression en la langue, semblable à la saueur vnctueuse.

Sapor stypticus duplex. Saueur styptique selon Mesué, genre à saueur austere, qui vulgairemêt par le nom de son genre est appellee Styptique & acerbe que l'on appelle Pontique.

Differentia austeri ab acerbo. Mais ces deux saueurs, austere, & acerbe different, l'vne d'auec l'autre seulement par plus ou moins, car la saueur austere est vn peu plus imbecile en son effect: mais l'acerbe plus aspre. Pource qu'elle prouient par intention ou accroissement d'austerité.

Saueur austere ou styptique, qui en Grec se dit Austy-

ros, qu'elle est trouuee in Gal-
la, dicte en François, Noix de la
Galle, & selon aucuns, Pomme
de chesne, & in Rhu és boutiques des Apothicaires appellé
Sumach, fait retirer & serrer
les pores & petites veines de la
langue, desseiche & rend aspre
& rude ou inegale ladite langue, & fait impression de soy
iusqu'au profond, mais moins
que saueur acerbe.

Mais l'acerbe qui est appellé en Grec Stryphnos, desseiche
fort la langue, la serre & rend
aspre, iusques bien auant.

De ceste saueur & goust sont
poires sauuages non meures,
Crenoules.

Medicamens, ou autres choses acides & aigres sont de deux
manieres en Galien & autres.
Simplement, ou exactement &
parfaictement acides, c'est à dire, sans autres qualitez, comme
Oseille, ou Vinette, & Choux
aigres, autrement appellez
d'aucuns Patiences, & Bettes.

Quid Gal-
la, Rhu, i.
Sumach du-
plex, Suta-
rium & cu-
linarium.

Habet enī
aciditatem,
quæ pene-
trat, & ve-
luti viam
facit auste-
ro astrin-
genti.

Acidus
sapor du-
plex.

In medica-
mentis non-
nunquam
insunt diuer
sæ substan-
tia faculta-
tes & sapo-
res.

d'outremer, suc ou jus de raisin non meur
qui est vulgairement dict Verjus. Meslé
auec autres qualitez, comme doulces,
aigres, & aguës, & ameres : Comme sont
Grenades, Pommes, Prunes, Raisins Meures, Figues, Cerises. Car en ces fruicts
aucunes douceurs & acerbitez sont mes-
lees.

Es autres aucunes amaritez, ou amer-
rumes obscures, auec douceur se trouuent.

Saueur accide ou aigre, quant à son effect deterge, penetre, mord, & point, rend
aspre, inegal, & ronge. Mais sans calefa-
ction, ou eschauffeure, en quoy seulement
differe d'auec la saueur aguë, ou aigre, &
forte.

De l'election des medicaments purgeans
le iugement pris des saueurs,
reigles vniuerselles.

LE Medicament acre & chaud seulement, ou parfaictement agu, c'est à dire, ne participant d'autre qualité sensible,
(comme est l'euphorbe, & Thymelée
qu'ils appellent Mezereon) est malefiqu
ou maling sur tous autres. Exactement
c'est à dire, absolument, auec ou ayant

amaritude pure, sincere, non meslee auec-
ques autres saueurs (comme la Coloquinthe, le Concombre Asinin) moins malefique & dangereux, que le seul acre, ou agu,
& chaud.

Le medicament acre ou aigre, & ensemble amer, comme la Scammonee, est
moyen en malice entre les deux precedents. Acre & Styptique : comme l'epithyme & l'hysope, venans és iardins, qui
en Arabie se nomme Alhasce, encores
moins malicieux que les precedents, ou
dessusdicts.

Et encores moins malicieux est le medicament ayant amertume, austerité, ou
acerbité, comme est la Rheubarbe, l'Ab-
synthe, & Fumeterre.

L'acre, ou aigre, & amer, & ensemble
Styptique, comme Stœchas, & Sanroni-
cum, que l'on baille contre les vers, ap-
pellee Barbotine, prend lieu moyen entre
les deux derniers. Et afin que parlions
vniuersellement, d'autant plus que le medicament purgeant s'eslongne de sa saueur acre & amere, d'autant est-il moins
mauuais & malefique. Le iugement pris
par la saueur, & non par la substance.
L'ordre donc des malings medicaments,

le iugement pris des saueurs, soit tel : Les acres, ou aigres, & chauds seulement sont sur tous autres mauuais.

Les acres ou aigres, & ensemble amers absolument, acres, & agus, & ensemble styptiques, moins ou mauuais.

Acres amers, auec stypticité, amers & styptiques.

Les medecines plus salubres ou saines, meilleures, & plustost à elire (le iugement pris de la saueur, & non de la substance) sont mises en cet ordre.

Douces, comme Casse fistule, Manne dicte en Arabic Terebianin. Insipides & fades, comme le Mucilage de Psylle, qui ne se doibt prendre par la bouche. Doulces, & ensemble acides, comme sont, prunes & Thamarins. Doulces & ameres cōme Violettes de Mars, qui au premier apparoist doulce, puis apres auoir esté vn peu maschee, se trouue amere. Doulces ameres & styptiques, comme roses: car au premier doulces, en apres styptiques & finablement se trouuent ameres.

Tous medicaments ausquels est ioincte stypticité, sont plus sains & moins nuisans au corps humain.

Car stypticité amortist & af-
foiblist la force d'iceux, & a-
mende les fautes & nocumens, *Nocumenta*
ou nuysances induictes & de- *medicamē-*
laissees d'iceux. Quelles sont: *si purgan-*
Dissolution & Vacuation des *tis.*
esprits? ensemble: laxité des
parties, & grande commotion
& perturbation des bons hu-
meurs.

Ausquels donc medicaments *Medicus*
purgeans n'est par nature sty- *naturæ mi-*
pticité ioincte, icelle par art *nister.*
doibt estre adioustee du Mede-
cin ministre de nature le plus
souuent.

Car par iceux medicaments seront
moins ingrats & fascheux à nostre nature,
& finablement moins nuysants.

Mais sur ce n'attente on n'entreprenne
l'Apothicaire, mais obeysse & baille tous
medicaments ordonnez par le Medecin,
sans aucune difference ou election des saueurs, pourueu que la saueur trouuee en
la chose ne soit totalement contre Nature.

Des couleurs des medicaments purgeants.

Ex colore non iudicandum. CErtaine, ordonnee, & vniuerselle cognoissance ou science des medicaments purgeants, quant à la bonté ou malice d'iceux appartient ne se peut auoir par les couleurs. Mais seulement particuliere, & comme par accident en aucuns simples, comme Scammonee, changeante & blanchastre, ou palle, est bonne selon Mesué, Pline, & Dioscoride, ou qui est tres semblable à celle de Torceau ; mais la noire est mauuaise & malefique.

Agaric blanc, bon: le noir, mauuais, & à reietter. Turbith & Coloquinthe blancs, bons, noirs mauuais. Rose exactement ou parfaictement rouge, bonne.

Et pour ceste cause, des couleurs aucune certaine cognoissance & science vtile de la bonté ou malice des medicaments ne se peut auoir. *Hoc secundum Mesuen, pos suen, pos etiam alba ptimur.*

Car les couleurs des medicaments ne demonstrent les temperamés, à tout le moins vniuersellement, mais par-

ticulierement seulement, contingemmét,
& par accident, comme dict est.

Et peuuent estre en la superficie, ou par
dessus, seulement, & changées pour les
causes exterieures.

Mais certes par apres nous parlerons
des couleurs en particulier, c'est à dire, si-
gnifiantes la bonté ou malice des medicaments simples particuliers, c'est à sçauoir,
au traicté des Simples.

De l'election des Medicaments par la
qualité olfactile ou odoran-
te,ou odeur: Loix ou rei-
gles vniuerselles.

LE Medicament purgeant
en son essence consideré, & *Effecta bo-*
relation, ou regard eu au corps *ni odoris.*
humain, le mieux ou plus sua-
uement odorant, est le plus salubre & sain: Car bonne & suaue odeur dilate l'ame, repare &
restaure les esprits & vertus, &
conforte les principes d'iceux. *Effecta*
Mais la mauuaise ou puante *mali odoris.*
senteur rend le medicament
purgeant mal sain: Car elle in-

duiſt le contraire, & fait l'operation labo-
rieuſe & difficile.

De l'election des medicaments pur-
geans, eu esgard au temps.

DV temps des medicaments purgeans
trois choſes ſont à cognoiſtre.
1 En quel temps ſe doiuent cueillir.
2 Combien de temps demeurent en leur
vertu.
3 Quand la vertu d'iceux eſt plus efficace & meilleure.

Les Medicamens purgeans qui ſe prennent des plantes, ſe doiuent cueillir au
temps principalement qu'ils ont leur vertu plus grande & efficace: Comme,
      Racines, de laquelle manie-
Tempus re ou eſpece eſt Rheubarbe, &
collectionis les racines des Hermodactes,
radicum. & autres, ſe doiuent cueillir,
Eodem tē- quand les fueilles commen-
pore colligi cent à tomber aux herbes. Et
debent li- pourtant en Automne, vers la
quamenta fin principalement, ou en Hy-
& cortices. uer, ſe doiuent arracher. Car
en ces temps là, toute la vertu

de la plante se retire aux racines.

Toutesfois les racine d'I-
reos (de laquelle les fueilles
sont tousiours en verdure) se
doiuent cueillir à la fin du renouueau.

Les fleurs, qu'elle est l'Epithyme, qui est fleur de Thim.

Au renouueau & commen-
cement d'esté se prennent: car
alors sont de vertu plus efficace ou valable.

Les fueilles, & en somme,
ou generalemét, tant les fleurs
que les fueilles se doiuent cueillir deuant que de soy elles tóbent.

Les semences, vers la fin de
l'Esté sont à cueillir, quand elles commencent à secher &
deuant qu'elles tombent.

Car alors, pour la plus grá-
de partie, sont absoluës, par-
faictes, comme semen Cartha-
mi.

Epithymus
Arabicus,
est podagra
thymi: gre-
cis verò flos
est Thymi,
tertie spe-
ciei Origa-
ni.

Tempus col-
lectionis flo-
rum & fo-
liorum.

Tempus
collectionis
seminum, vt
diutius con-
seruantur,
& non bo-
na pars a-
mittatur.

Sont prises de Dioscoride ces choses.

Les troncs, caules, ou tiges, quand sont parfaicts.

Les fruicts, il est besoing que de soy tóbent, ou soyent cueillis meurs.

Les sucs ou jus des herbes & fueilles, se se doiuent tirer & exprimer les calicules ou tiges encores tendres & bouttonnans.

Le laict ou liqueur, & larmes se doiuent receuoir, le caule ou tronc incisé on entemmé, en son adolescence ou croisse-ment.

Certes ou par apres combien de temps dure la vertu d'vn chacun medicament purgeant, en autre lieu se dira.

Mais faut en general sçauoir, que des medicaments prins des herbes, les deux genres ou especes d'Helebore, c'est à sçauoir le blanc & le noir seulement, se peuuent longuement garder en leur vertu, tous les autres apres trois ans sont inutiles.

Que dili-genter A-pothecario   Mais diligemment est à enquerir & coguoistre à l'Apothicaire, quels medicaments en leur genre sont meilleurs, ou *cognoscenda.* vieux ou recens:car aucūs sont meilleurs recents que vieux. Et au contraire aucuns meilleurs vieux que recens. Aucuns aussi en moyen aage sont plus salubres & sains.

Sont meilleurs recents que vieux.

Les ameres:car par la vetusté ou vieillesse se deteriorent & empirent, pource qu'ils deuiennent trop secs : car au commencement sont assez humides.

Les styptiques : Mais sont faicts pires pour la siccité ou seicheresse qui leur aduient par vieillesse.

Ceux qui ont leur vertu mise au de hors, comme Fumeterre & Lupins.

Ceux qui ont vertu debile, ou facile à resouldre : comme *De floribus* Epithymes, Roses, Violes.   *est intelligendum.*

Ceux qui sont de rare substance, ou tisture: car le temps ou tisture d'iceluy resoult & dissipe les vertus & puissance d'iceux medicaments trop vieillis.

Sont meilleurs vieux que recens.

Dum calor naturalis, seipsum cō- sumit, & externus in- ternum at- trahit.

Les aigres, ou agus, & chauds car la vertu d'iceux facile à en- flamber, inherente en la super- ficie par temps, s'expire & ex- hale, & s'en va en l'air : Et ce que demeure d'acrimonie, ou acuité, au reste s'hebete & perd sa poincte, & quasi deuiem là guide, & non trop chaud.

Ceux qui ont vertu valide & forte, & dificile à resouldre, & non en la superficie. Et ceux qui sont de tisture dense, ou de substance solide & ferme : car par longueur de temps ne se dissoult l'humi-

Humiditas actualis di- citur que actu hume- ctat, & sensu visus cognoscitur.

dité ainsi qu'és autres : Mais seulement paraduenture, au commencement se consomme & degaste quelque peu l'humi- dité actuelle : Parquoy se fait, que par apres mieux se gar- dent.

D'aage moyen, c'est à dire, ni trop vieux ni trop ieunes, ou recents, sont plus salu- bres & meilleurs.

Les doux, car de n'agueres ou deuant leur temps cueillis ont encores vne humi- dité non assez elaboree.

Mais ceux qui apres leur temps legitime sont cueillis ou gardez trop long temps, certainemét pour l'humidité perdue, & leur substance terrestre aucunement aduste ou bruslee, deuiennent ameres, & sont rédus plus secs : & pource plus mauuais.

Les insipides & fades, car les recents abondent, & ont trop d'humeur excrementeux ou superflu, dont vient inflation & ventosité.

Et les trop vieux sont par trop desseichez. Les salez, car recents sont plus que de raison humides, & pource conturbent, empeschent & lubuertissent l'estomach, & causent vomissement.

Et trop gardez deuiennent aigres & agus, & rongeans : car ils sont faicts trop terrestres pour leur humidité naturelle, deperdue & desseichee.

Toutesfois certes à chacun simple est son temps vieil & nouueau.

Humiditas perficitur siue elaboratur à calore natiuo rei, & à calore externo solis.

Facultatem retentricem (qua fibri transuersis peretur, & siccitate roboratur) debilitando.

Car la Rheubarbe & Epithyme, voire agez & gardez ja trois mois, sont encores recents, & en leur force, comme virils & masculins.

De l'election des medicaments purgeants prinse du lieu.

Locus liber, i. non coactus nostra opera ad aliquid producendum, nutriendum aut aliud si mile efficiēdum parirorationem, stercorisatio nem, aut quomodo libet

LE medicament purgeant bon, est separable & eleu d'auec le mauuais, par le lieu, eu regard au lieu.

1 Natal, ou naturel, auquel les plantes viennent, ou naiſsent & viuent.

2 Voisin, près ou loing d'vne autre plante.

3 Solaire, ou celeste, c'est à dire, par la distance ou proximité du Soleil, à la plante.

Le lieu natal,

1 Libere, sans fange, engres, ou fumier, ou autres semblables.

Locus natalis.esse etiam potest, aut Clime-

2 Non libere, mais alteré ou changé de sa propre nature, ou quelque chose adioustee.

3 Humide.

4 Sec.

A Set.

Toutes plantes, non seulement ayants faculté ou vertu
medicinale, croissantes de soy
en lieu libere ou franc, acquie-
rent proprieté à leur genre,
duisante & conuenable à leur
propre nature. Et pource sont
meilleures, & plustost à eslire.

Car Theophraste a escrit
Nature estre mere aux plantes
rustiques, & comme nouerque ou mara-
stre aux hortenses, c'est à dire, qui viennent és iardins, & vrbaines, & domesti-
ques.

Car toute plante, par la faculté ou vertu naturelle attirante, tire de la terre humeur à soy familier & conuenable, & ice-
lux conuertist en nourriture: Comme lupins tirent à soy vn humeur nitreux & aigre: la Vigne humeur doux: la Coloquinthe & Concombre agreste, ou venin des
parties de la terre plus adustes, humeur
amer.

Les medicaments croissans en lieu non
libere, degenerent, & se changent de leur
propre nature, & plus suyuent & retien-
nent la proprieté & qualité de la chose

sui & mon-
tanu, aut
Campestri.

Allusio
naturæ ad
matrem &
nouercam.

D

Medicamē-
ta natura
humidā per
additionem
humiditatis
peiora fiunt.
Hic auctor
Latinus o-
mittit Gua-
ril à M-
sue non sa-
tis suo loco
positum.
Quid enim
Guaril a-
nimal de
genere la-
certarum,
inter plan-
tas conue-
nit?

meslee. Parquoy en leur genre & respectiuement considerez à leur operation, sont estimez pires & non tant efficaces: comme pour exemple, le vin, & autres fruicts croissent plus abondamment en la terre fumee, mais sont pires, & ont moins de duree. Les medecines de leur propre nature humides, comme l'Agaric, Hermodactes Turbith: si elles deuiennent croissent pareillement en lieu trop humide, deuiennent pires.

Et les seiches (comme hydropiper) produites en lieu humide, (comme vallee,) sont faictes meilleures.

Car pour raison du lieu plus humide, l'acrimonie ou acuité d'icelles, est remise & moins forte.

Les medicaments pleins d'humeur superflu & excrementeux, comme Hermodactes, en lieux plus secs, comme montagnes, sont faicts meilleurs. Et les secs, comme Laureole, Concombre asinin, Absinthe, Colocynthe, pires. Ainsi la Scamonie nee Antiochene bonne, Corascene mauuaise: car le lieu de la Corascene est plus chaud & sec.

Mais à peine pouuons nous sçauoir en quelle terre ou region tels medicaments peuuent venir. En somme, la similitude ou diuersité du lieu aux plantes rend icelles meilleures ou pires: car diuerse terre, ou diuersité de terre a diuerses facultez & vertus, comme dit Theophraste, est idoine. Car certes (comme dit semblablement Platon) Nature a baillé à chacun lieu ses doüaires & proprietez.

Et d'auantage n'est de toutes plantes vn temperament, ni à toutes vn mesme nourrissement: mais à chacune ce que respond à la propre nature.

Dioscoride a escrit les plantes estre meilleures és lieux froids, entendant froids nõ gelides, mais regardant Egypte, lieu plus chaud, la où par plusieurs ans auoir exercé la doctrine des herbes, que l'on *Helleine sauue* dit communément herborisé *vieux, id est, ptopinque.*

De vicinité ou societé & cõ-*Primatine* pagnie tant positiue (comme vers remonstré l'on dit) que priuatiue d'vne ta.

plante à l'autre.

Vicinité ou proximité pareillement d'vne plante à l'autre, altere & change beaucoup la nature d'icelles. Aucunesfois certes en mieux, aucunesfois en pis, en maniere que soyent reciproquement en aide & nuysance l'vne à l'autre.

Mais aussi plus salubres ou insalubres deuiennent, si ou singulieres & seules, ou numereuses, c'est à dire, en grand nombre, croissent en vn mesme lieu.

Hermodacte, croissant pres la squille, Refort, Narcisse (qu'ils appellent oignon baueux, prend energie ou force *Energie* d'iceux: car il tire à soy quelque *vis & fa-* vertu vchemente, dont iceux abo- *cultas.* dent, & sont plus valables.

Apres laquelle vertu auoir retenue en soy, est faict de faculté ou puissance plus efficace & prompte. Et d'auantage icelle plante attirent pour nourrissement l'acri- monie de la terre, que par aduenture eut tiré iceluy Hermodacte.

L'hyssope domestique, ou qui croid es iardins, donne vigueur & bonté à l'Epi- thyme, la Rue au Senné, & le Chesne au Polypode. Dont ce faict, que le Polypode quercin, c'est à dire, croissant auec le chef-

ne soit meilleur & plus d'effect que celuy
qui naist & croist sur les pierres.

Le Veratre, c'est à dire, Helleborenoir
croissant ou planté aupres des racines de
la Vigne, donne au vin vne puissance de
purger. Dioscoride, Paralyos, qui est vulgairement dict Esule, & l'herbe que les
Grecs appellent Tithymalus, & les Latins
Lactaria, pource qu'elle est pleine de liqueur semblable au laict par leur proximité rendant la Scammonée pire.

Car luy communiquent leur acrimonie
& chaleur, & par sa nature & action, plus
efficace & violente.

Et ainsi les pierres au Polypode, & l'Ocyme, qui est dict *Ocymum*
en françois Basilic, apporte à *voluntati*
malice à l'Epithyme, comme *nascenti.*
l'experience quotidiane ap- *Ocymum*
pprouue. L'arbre de Casse fistule, *redolentia*
si elle est seule en lieu ample *dicitur.*
ou spacieux, est meilleure. Car
elle a plus de doux aliment &
nourrissement.

Et d'auantage, si vne seule
silique, ou gousse, (ou comme
disent vulgairement, canne ou baston, en
arbre de Casse, icelle certainement sera

reputee meilleure. Car elle tire à soy toute la douceur d'icelle plante, dont s'ac-
quiert bonté.

Doncques la Canne de Casse seule en
son arbre est meilleure que quand il en y
a plusieurs. Mais au contraire, la pomme
de colocynthe seule mauuaise, pource
qu'à soy tire & suge ou succe toute l'acrimonie & malice de sa plante.

La plante de Coloquinthe seule en vn
lieu, produict fruict pire, que si en croisi-
soyent plusieurs par vne mesme raison.

Squille plante seule, deterieure ou mauuaise: Concombre syluestre, vulgairement
dict Asinin, seul, pire.

Car ainsi que vertu diffuse, &
Virtus col- en plusieurs parties distribuee,
lecta fortior est plus remise ou debile: ainsi
seipsa diffi- icelle mesme assemblee & con-
pata. gregee, deuient plus forte, &
plus vehemente.

*De la magnitude ou grandeur, & paruité
dicte vulgairement
petitesse.*

Ais magnitude & paruité adiouftent
pareillement bonté ou malice aux
plantes, à tout le moins en vne mefme
efpece : car paruité ou petiteffe fait aggre-
gation de vertu, & magnitude ou grandeur, diffufion & difperfion, c'eft à dire,
diffufion. Et pour caufe fe fait, que Gour de
fyluatique ou fauuage, qui eft appellee
des Grecs Colocynthis, plus groffe certes,
foit meilleure & pluftoft à eflire, que petite. Pource qu'elle a moins vehemente
acrimonié, & plus difperfe & eftendue.

De l'election du lieu celefte.

DV lieu pareillement folai-
re ou celefte, ou de la di- *Per appro-*
ftance du medicament au So- *pinquatio-*
leil fe prend l'election. Car *nem Solis*
Dieu & Nature ont baillé à *ad nos fit*
tous lieux propres douaires, *generatio*
c'eft à dire, ont donné aucunes *& per re-*
propres vertus, lefquelles bail- *motionem*
lent aucunes proprietez diuer- *corruptio.*
fes aux chofes d'vne mefme ef-
pece, felon la varieté & diuerfité de la
caufe effectrice, ou efficiente.

D iiij

Iusques à present, ou à ce lieu, auons parlé de l'election des Medicaments : Reste à parler de la correction & preparation du simple Medicament purgatif, deuant qu'il se prenne.

LEs moyens ou manieres de preparer & corriger les medicaments purgeans deuant que soyent prins, qu'ils se doiuent cognoistre de l'Apothicaire sont:

De coctione artificiali maximè intelligitur. Coction, ou cuisson: Ablution, lauement: Maceration, ou infusion: Trituration, ou puluerisation.

Les vtilitez qui par ces moyens aduiennent aux Medicaments purgeants, ne sont en ce lieu recitees, pource qu'elles n'appartiennent aux Apothicaires, entant qu'Apothicaires.

Quid elixatio. La coction des medicamens purgeas est double, ou de deux manieres.

Elixatio est indistincti in humore existentis concoctio ab humido sce. facta. 1 Elixation, qui est preparation du medicament en la chose humide, aqueuse elementaire ou mixte, comme en eau, pomme, racine, suc ou jus

eaux des herbes, semences, &
autres choses.

Assation, qui se fait en cho- *Assatio*
se enflambée, comme sus char- *concoctio*
bons flambans, tuilles, voire, *ab arido &*
paille chaude, sans aucun hu- *alieno calo-*
meur. *re facta.*

La coction des medicamens *Aristotel*
purgeants doit estre ou imbe- *les quarto*
cille & suaue, violente & vali- *Meteor.*
de, mediocre ou moyenne.
Pour le regard de la substance,
ou vertu des choses à cuire.

La substance des choses à cuire est ou
graue & poisante, legere, crasse, ou grosse,
Tenue ou menue. Dense ou espesse, rare,
ou clere, lente ou souple, fragile ou friable.

Les vertus des choses à cuire sont, ou
valides & fortes, imbeciles & foibles, en
la superficie ou dessus mises. Au profond
ont besoin de suaue ou debile coction, &
legere, & briefue : Les medicaments desquels la tisture ou substance est rare, ou
claire & tenuë, ou mince. La vertu facile-
ment se resoult, la vertu & force, est pres-
que toute mise en la superficie ou dessus.

Et sont de ceste maniere ou naturel

Violes, Epithyme, Capillaires, Toutes
fleurs, fors la Camomille, les quatre grandes semences froides, c'est à sçauoir de
Concombre, Gourde, Citrulle, Melons.

Les Medicaments purgeants en leniant
ou adoucissant, ou lubriquant, ne sont
amendez ou faicts meilleurs par coction.
Ont besoin de plus longue & forte coction ceux qui ont nature contraire aux
precedents : Comme sont ceux qui ont
puissance ou vertu non facile à resouldre,
substance crasse & dense, ou grosse & es-
paisse vertu mise au dedans, comme pierres & racines.

Soustiennent & portent moyenne coction, ceux qui entre les dessusdicts, ont
moyenne nature : comme sont semences
diuretiques, sçauoir est d'Ache, Persil, Pa-
stanades, Cheruis, & d'Ameos.

Ablution ou lauement, & infusion, se
font en liqueur: Mais par ablution toute la
vertu du medicament qui se lque, n'est
espandue ou delaissee en la liqueur ainsi
que par infusion.

Car par infusion, le medicament plus
longuement demeure en la liqueur, que
par ablution. Infusion par temps d'hyuer

se doibt faire en liqueur eschauffee, s'il
n'est besoin d'acceleration, c'est à dire, vsez
de la medecine infuse.

Certes le medicamēt, par toute la nuict
ou par huict heures ou enuiron en liqueur
infus ou trempé moyennement, au prece-
dent pillé ou broyé, apres s'exprime ou
pressure legerement, ou fort en le cou-
lant pour le regard du malade, de la maladie, & du medicament.

Mais nous lauons tous metaux, pierres,
& plusieurs medicaments acres, ou aigres
& chauds. Et s'ils sont de par trop crasse
ou grosse essence, ou qu'ils ayent au dedans & profond acrimonie ou vehemence
cachee, premierement nous les bruslons,
& apres les lauons vne fois, ou deux, ou
plusieurs : pour le regard de la maladie,
partie metal ou d'autre chose, plus ou
moins mordante.

Triture ou puluerisation (qui est diui-
sion du medicament en parties minimes)
est de trois manieres: Forte ou longue, petite ou briefue, mediocre ou moyenne.

Ont besoin de forte & longue trituration, c'est à dire, d'estre fort & longuement broyees : Les medicaments qui sont

de substance crasse & dense, comme la
bonne Rheubarbe (comme est la plus pure & plus poisante) bien broyée & pilée,
est rendue plus vigoureuse pour purger le
foye, & autres visceres, ou parties principales. Mais la rare & lasche broyée subtilement, perd sa force & vertu.

Ont besoin de legere & briefue trituration, c'est à dire, d'estre legerement &
briefuement puluerisez. Les medicaments
ausquels la vertu promptement & soub-
dainement se resoult: comme sont ceux de
rare & claire tisture ou substance : De laquelle maniere est la bonne Scammonee,
qui vient d'Antioche.

Qualis &   Trituration ou puluerisation
quanta esse doibt estre mediocre ou moyen-
debet Tri- ne: pour le regard de la sub-
turatio. stance des choses triturables,
ou de l'affection & maladie, &
autres choses semblables.

Touteffois soit toute trituration facile,
& moyenne, & non tant violente ou vehemente, qu'elle puisse resouldre, ou per-
dre la vertu du medicament.

Le suplus qui est baillé & descrit de
IEAN MESVE, sur la Coction, Ablution, Infusion, & Trituration appartiennent au Medecin,
& non pas à l'Apothi-
caire.

ADVERTISSEMENT
AV LECTEVR.

VSques à present a esté
parlé des Simples Medi-
caments purgatifs en
general, qui est tout le
conteru du premier li-
ure des Comments de
Tagault, sur les Canons de Iessué, & celuy qu'auons deliberé traduire pour le
present, comme le plus dificile & neces-
saire, à la priere & requeste d'aucuns
Apothicaires nos familiers & amis. Reste à parler au second liure des Medicaments simples purgatifs en particulier:
Lequel liure pourras voir de toymesme,
& nous quelquesfois pareillement tra-

...ire, en adioustant l'election particuliere d'vn chacun simple trouué & requis
és boutiques des Apothicaires, prinse
des bons & fideles Autheurs Grecs &
Latins. Ce pendant prens en gré (Lecteur
beneuole) & excuse enuers les Maldi-
sans les fautes, & non accoustumees maniere d'escrire en François. Car quant aux
fautes, nous sommes hommes. Quant à la
maniere d'escrire, nous ensuyuons les Do-
stes en aucunes dictions, & és autres, la
commune maniere d'escrire. Ce qui te
pourra inciter & esmouuoir à enquerir
l'origine des dictions Françoises
laquelle n'est encore assez
cogneuë.

FIN.

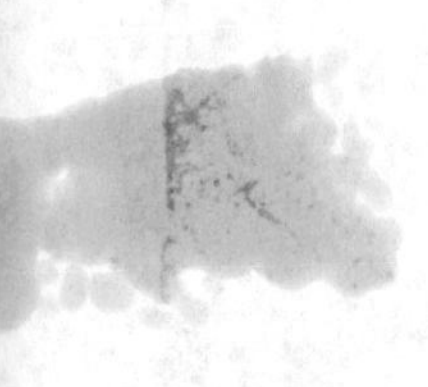

www.ingramcontent.com/pod-product-compliance
Lightning Source LLC
LaVergne TN
LVHW021805170726
843503LV00007B/3025